Página

Título: *Amada por el Padre*
Autora: Mariela Picón
Editorial: autopublicación

Derechos de autor: © 2026 Mariela Picón
Todos los derechos reservados.

Ninguna parte de esta obra puede ser reproducida, almacenada o transmitida de ninguna forma, sin autorización expresa de la autora, excepto por citas breves para estudio o reflexión personal.

Sobre la Autora

Mariela Picón es esposa, madre y consejera cristiana, llamada a acompañar procesos de restauración con manos firmes y corazón compasivo.

Junto a su esposo Juan, pastorea la Iglesia Centro Cristiano de Restauración Familiar "Casa de Oración" en Dallas, Texas, donde sirve formando líderes, discipulando familias y guiando a mujeres hacia una identidad sana en Cristo.

Su mayor ministerio nace en casa. Es madre de Rebecca y Acsa, sus mayores tesoros y fuente constante de inspiración. En ellas ve reflejada la gracia diaria de Dios y la responsabilidad sagrada de modelar una fe auténtica.

Con una voz pastoral cercana, profunda y sensible a la obra del Espíritu Santo, Mariela escribe para recordar a cada mujer que no necesita vivir desde la exigencia ni desde la herida, sino desde la seguridad de ser hija amada.

Su mensaje no nace de teorías, sino de procesos vividos, de noches sostenidas por la gracia y de una convicción firme: la misericordia siempre ha sido el plan A de Dios.

Cree profundamente que cuando una mujer sana su identidad, transforma generaciones.

Y su mayor anhelo es que cada lectora descubra lo mismo que ella ha aprendido en el camino:

El Padre no se cansa de sostenernos.

Dedicatoria

A mi esposo Juan y a mis hijas Rebecca y Acsa,
quienes me enseñan cada día a caminar con fe, amor y alegría.

A cada mujer que abre estas páginas:
que sientas el suave abrazo del Padre,
que descubras la profundidad de Su amor,
que tu corazón descanse en Su presencia
y que florezca en libertad y fruto que permanecerá.

Sección Uno

Abrazando la gracia

Hija amada,

Este es un lugar seguro. Un espacio donde no tienes que demostrar nada.
Donde no se juzga tu pasado ni se exige perfección.

Aquí aprenderás a escuchar lo más profundo del corazón del Padre: que eres suya, que te conoce por completo y que te ama con un amor que no se agota.

Tal vez has caminado y cargando demasiado: expectativas, heridas, culpa, exigencias. Tal vez aprendiste a ser fuerte desde niña, a ocultar tu cansancio, a ignorar tus lágrimas. Tal vez creíste que tu valor dependía de lo que hacías o de lo que otros pensaban de ti.

Hoy te invito a hacer algo diferente: recibir lo que siempre ha estado disponible para ti. No necesitas ganarlo, merecerlo ni demostrar nada. Solo necesitas abrir tu corazón y dejar que el amor del Padre te abrace.

En esta primera parte, iremos paso a paso:

- Escucharás la voz del Padre pronunciando tu nombre.

- Responderás con oración desde tu corazón.

- Aprenderás que descansar no es debilidad.

- Descubrirás que tu debilidad es el terreno donde Su gracia se perfecciona.

- Y empezarás a experimentar libertad en Cristo, aprendiendo que no tienes que ser perfecta para ser amada.

Tómate tu tiempo con cada página. No hay prisa. Cada palabra es un susurro del cielo, una invitación a dejar de cargar sola, a dejar que el Espíritu ministerie dentro de ti y a sentir la paz que solo viene de ser hija.

El Padre te dice: **descansar es confiar en Su cuidado**.

> "Venid a mí todos los que estáis trabajados y cargados, y yo os haré descansar."
> *(Mateo 11:28, RVR1960)*
> "Vengan a mí todos los que están cansados y agobiados, y yo les daré descanso."
> *(Mateo 11:28, CSB)*

Hija, no necesitas ganarte Su amor.

No necesitas demostrar nada.

Eres amada porque eres Su hija.

> "Mirad cuál amor nos ha dado el Padre, para que seamos llamados hijos de Dios; y nosotros lo somos."
> *(1 Juan 3:1, RVR1960)*
>
> "Miren qué gran amor nos ha dado el Padre, para que seamos llamados hijos de Dios—y eso es lo que somos."
> *(1 Juan 3:1, CSB)*

Cuando lo recibes, todo cambia: tu descanso, tus decisiones, tu forma de mirarte y de mirar a los demás.

Hoy comienza un recorrido hacia la gracia, el descanso y la libertad.

Permítete recibirlo.

Permítete ser sostenida.

Permítete ser amada.

Después de leer y dejar que estas palabras calen en tu corazón, hija amada, quiero que escuches algo aún más cercano: la voz del Padre hablándote directamente.

No es enseñanza.

No es teoría.

Es un susurro que quiere encontrarte donde estás, hoy, ahora.

Escucha con el alma mientras lees.

Carta del Padre a Sus hijas

Hija amada,

Antes de que supieras pronunciar Mi nombre,
 antes de que aprendieras a defenderte,
 antes de que te preguntaras si eras suficiente,
 Yo ya te amaba.

Te he visto en cada estación de tu vida.
 Cuando reíste sin miedo… y cuando lloraste en silencio.
 Cuando confiaste… y cuando te protegiste porque no sabías si alguien más lo haría.

Nada de eso Me alejó de ti.

No te amo por lo que haces,
 ni por lo que logras,
 ni por lo bien que has aprendido a ser fuerte.
 Te amo porque eres Mía.
 Porque te pensé, te formé y te llamé hija.

Lo dejé plasmado para ti en la Escritura *"Con amor eterno te he amado…"* Jeremías 31:3 (RVR1960)

No tienes que demostrarme nada.
 No tienes que ganarte Mi mirada.
 No tienes que cargar sola lo que pesa tanto.

Ven.
 Descansa.
 Déjate amar.

Este no es un libro para exigirte más,
 sino para recordarte quién eres.

Aquí no vienes a corregirte,
vienes a regresar a casa.

Estoy contigo.
He estado contigo todo este tiempo.
Y seguiré aquí.

Con amor eterno,
Tu Padre

Oración de respuesta

Padre amado,

Hoy recibo Tu amor sin condiciones.
Suelto la necesidad de demostrar, de fingir fortaleza,
de cargar sola lo que nunca me pediste llevar.

Si alguna vez dudé de Tu amor,
si me escondí por miedo,
si aprendí a sobrevivir en lugar de descansar,
hoy vuelvo a Ti.

Enséñame a vivir como hija,
no como huérfana.
A creer que Tu mirada es buena,
que Tus brazos son seguros,
que Tu amor no se va.

Recibo Tu cuidado.
Recibo Tu verdad.
Recibo mi lugar en Tu corazón.

Aquí estoy, Padre.
 Déjame aprender a ser amada.

Amén.

Cuando el Padre me llama por mi nombre

Hay algo que sana profundamente en el alma de una mujer: escuchar su nombre pronunciado con ternura.

No el nombre dicho con exigencia.
No el nombre dicho con decepción.
No el nombre dicho para corregir.

Sino el nombre dicho para afirmar: "Eres mía."

El Padre no ama a una multitud anónima.
Él ama con detalle.
Con intención.
Con conocimiento profundo.

La Escritura dice:

"No temas, porque yo te redimí; te puse nombre, mía eres tú." — Isaías 43:1

Él no solo sabe quién eres.
Él sabe dónde te quebraste.
Dónde aprendiste a callar.
Dónde empezaste a dudar de tu valor.

Y aun así, cuando pronuncia tu nombre, no lo hace con reproche...
lo hace con orgullo santo.

El amor del Padre no es general.
Es personal.
Tiene tu historia en mente.
Tiene tu proceso en Sus manos.
Tiene tu futuro en Su corazón.

Hoy, en este retiro, no eres una asistente más.
Eres una hija llamada por nombre.

Y eso cambia todo.

Mi Nombre en Sus Labios

Detente un momento.

Respira profundo.

Imagina al Padre pronunciando tu nombre...
no con prisa,
no con decepción,
no con exigencia.

Con ternura.

La Palabra dice: "No temas, porque yo te redimí; te puse nombre, mía eres tú."
— Isaías 43:1

Tu nombre no es un accidente.
Tu historia no es invisible.
Tu vida no es un error.

Ahora escribe tu nombre aquí, despacio:

Léelo en voz baja.

Y debajo escribe:

"Soy amada por el Padre."

Quédate unos segundos mirando esa frase.
No la analices.
Recíbela.

Si por dentro algo se resiste, no lo juzgues.
Solo preséntalo delante del Padre.

Hoy no estás aprendiendo una verdad nueva.
Estás permitiendo que una verdad eterna te alcance.

Si te cuesta creerlo

Tal vez escribiste tu nombre… pero tu corazón dudó.

Tal vez leíste "Soy amada por el Padre" y una voz interna susurró:

"No completamente."

"No después de lo que hice."

"No si supieran quién soy en realidad."

Si eso pasó, no te avergüences.

Las heridas hablan fuerte.
 Las experiencias pasadas dejan marcas.
 El rechazo, el abandono, la crítica constante…pueden enseñarnos a desconfiar incluso del amor más puro.

Pero escucha esto con calma:

El amor del Padre no depende de tu capacidad de creerlo perfectamente.

Sigue siendo verdad, aunque tu corazón esté aprendiendo.

Como una niña que aprende a caminar, tal vez hoy solo puedes dar un paso pequeño hacia esa verdad. Eso es suficiente.

El Padre no se ofende con tu proceso.
 Él lo acompaña.

Si tu corazón tiembla, Sus brazos no se mueven.

Si dudas, Él permanece.

No tienes que sentirte completamente convencida hoy. Solo quédate cerca.

El amor del Padre es paciente.
 Y sabe esperar hasta que tu alma se atreva a descansar.

No tengo que ganarme el amor

Muchas de nosotras aprendimos a ser amadas a través del esfuerzo.

Si lo hago bien, me aceptan.
Si cumplo expectativas, me abrazan.
Si soy fuerte, no estorbo.
Si sirvo mucho, valgo más.

Sin darnos cuenta, trasladamos ese patrón a Dios.

Oramos más para sentirnos aceptadas.
Servimos más para sentirnos dignas.
Nos exigimos más para sentir que Él está complacido.

Pero el amor del Padre no funciona así.

No es salario.
No es premio.
No es respuesta a tu rendimiento espiritual.

Es origen.

La Escritura dice:

> "Mirad cuál amor nos ha dado el Padre, para que seamos llamados hijos de Dios."
> — 1 Juan 3:1

No dice: "para que seamos llamados empleados."
No dice: "para que seamos llamados merecedores."
Dice: hijos.

Y una hija no trabaja para ser hija.
Lo es.

El amor del Padre no comienza cuando tú cambias.
Tu transformación comienza cuando crees que ya eres amada.

Hoy puedes soltar la presión.
Hoy puedes dejar de esforzarte por impresionar a Dios.

Él no está evaluando tu desempeño.
Está extendiendo Sus brazos.

Cuando el amor se convierte en carga

A veces no dudamos que Dios nos ama.
Lo que dudamos es que podamos descansar en ese amor.

Porque aprendimos que amar implica exigencia.
Que amar implica rendir cuentas.
Que amar implica no fallar.

Y sin darnos cuenta, convertimos el amor del Padre en una meta que alcanzar en lugar de un lugar donde reposar.

Pero el amor verdadero no presiona… sostiene.

Jesús dijo:

> "Venid a mí todos los que estáis trabajados y cargados, y yo os haré descansar." — Mateo 11:28

No dijo: "Ven cuando estés perfecta."
No dijo: "Ven cuando ya hayas resuelto todo."
Dijo: ven cargada.

El amor del Padre no aumenta cuando haces más.
Ni disminuye cuando fallas.

No se intensifica con tu desempeño.
No se enfría con tu debilidad.

Permanece.

Tal vez hoy estás cansada.
Cansada de ser fuerte.

Cansada de sostener.
Cansada de no poder bajar la guardia.

El Padre no te está pidiendo que seas más fuerte.
Te está invitando a ser hija.

Y ser hija significa que puedes apoyarte.
Que puedes llorar.
Que puedes decir "no puedo" sin miedo a perder Su amor.

El amor del Padre no es una plataforma para rendir.
Es un regazo donde reposar.

El Padre no se cansa de sostenerte

"Bástate mi gracia, porque mi poder se perfecciona en la debilidad" 2 Corintios 12:9 (RVR1960)

Hay un temor silencioso que a veces vive en el corazón de una mujer:

"Estoy siendo demasiado."
"Estoy pidiendo demasiado."
"Estoy llorando otra vez por lo mismo."
"Seguro Dios ya está cansado de escucharme."

Pero el cansancio pertenece a lo humano. No al Padre.

La Escritura dice:

> "¿No has sabido, no has oído que el Dios eterno es Jehová, el cual creó los confines de la tierra?

No desfallece, ni se fatiga con cansancio."
— Isaías 40:28

Él no se agota contigo.
No suspira con impaciencia cuando vuelves a traer la misma carga.
No mira el reloj mientras oras.
No te escucha con prisa.

El Padre no ama por tolerancia.
Ama por naturaleza.

Cuando un niño pequeño despierta a su madre en la madrugada una y otra vez, ella no deja de ser madre por el cansancio.
Cuánto más el Padre eterno, que no duerme ni se fatiga.

Si has pensado que eres una carga para Dios,
esa voz no viene de Él.

Él no te soporta.
Te sostiene.

No te atiende por obligación.
Te abraza por deleite.

Salmo 55:22 dice:

"Echa sobre Jehová tu carga, y él te sustentará."

No dice: "Échala una vez y no vuelvas."
No dice: "Solo si es una carga pequeña."
Dice: échala… y Él te sustentará.

El Padre no se cansa de escucharte.
No se cansa de consolarte.

No se cansa de perdonarte.
No se cansa de afirmarte.

Si hoy vuelves a Él con la misma herida,
 Sus brazos no están cruzados.

Están abiertos.

Nunca serás demasiado para el corazón del Padre.

Descansar no es debilidad, es confianza

"Jehová es mi pastor; nada me faltará..." Salmo 23:1-3 (RVR1960)

Tal vez creciste escuchando frases como:

"No te detengas."
"Sé fuerte."
"No llores."
"Hay que seguir, pase lo que pase."

Y aprendiste que descansar era fallar.
Que detenerte era perder.
Que necesitar ayuda era señal de debilidad.

Sin darte cuenta, llevaste esa idea también a tu vida espiritual.

Descansar en Dios comenzó a sentirse como falta de esfuerzo.
Como si confiar fuera pasividad.
Como si parar fuera decepcionarlo.

Pero el descanso bíblico no es pereza.
Es fe.

Hebreos 4:9–10 dice:

> "Por tanto, queda un reposo para el pueblo de Dios. Porque el que ha entrado en su reposo, también ha reposado de sus obras, como Dios de las suyas."

El descanso no es abandono de responsabilidad.
Es abandono de autosuficiencia.

Es decir:
"Padre, no tengo que sostener el mundo. Tú lo sostienes."
"No tengo que salvarme a mí misma. Tú ya me salvaste."
"No tengo que demostrar mi valor. Tú ya me llamaste hija."

Jesús dormía en la barca en medio de la tormenta.
No porque ignorara el peligro.
Sino porque confiaba en el Padre.

Descansar no es cerrar los ojos a la realidad.
Es abrir el corazón a la seguridad de que no estás sola.

Tal vez hoy estás agotada porque has vivido en modo supervivencia.
Siempre alerta.
Siempre fuerte.
Siempre resolviendo.

El Padre no te está pidiendo que sigas aun sin poder.
Te está invitando a apoyarte en Él.

El descanso no es rendirse.
Es rendirse a Él.

Y eso no es debilidad.
Eso es confianza.

Así se ve el descanso en la vida de una hija

Descansar no siempre significa tumbarse en el sofá.
No siempre significa dejar todo sin hacer.
Descansar en Dios se ve diferente… y se siente diferente:

1. **Pausar con propósito**
   Tomar un momento para respirar y reconocer:
   "No estoy sola. El Padre sostiene esto conmigo."
   Puede ser cinco minutos, una oración corta, una pausa entre tareas.

2. **Soltar lo que no puedo controlar**
   Hacer una lista mental o escrita de lo que estoy cargando y entregarlo:
   "Padre, esto es demasiado para mí… pero no para Ti."

3. **Aceptar ayuda**
   De Dios y de otros. Descansar no es aislamiento.
   Pedir apoyo, delegar, recibir consuelo.

4. **Priorizar lo esencial**
   Elegir lo que realmente importa hoy y dejar que lo demás espere.
   No es abandono; es sabiduría.

5. **Confiar en su tiempo y planes**
   Descansar es creer que el Padre no está atrasado, que su intervención llegará a tiempo.
   No tengo que acelerar nada con mis fuerzas.

6. **Silencio y presencia**
   A veces descansar es simplemente sentarse en quietud y escuchar:
   "Hija, estoy aquí."
   Este es el descanso más profundo.

Reflexión corta

Si nunca aprendiste a descansar, no te culpes.
El descanso es un músculo que se fortalece con práctica.
Hoy puedes empezar poco a poco.
Hoy puedes abrir los brazos y dejar que el Padre lo sostenga todo mientras tú respiras.

"Descansar no es detener tu vida; es entregarla a quien la sostiene."

Cómo se ve la libertad en Cristo

Cuando aprendes a descansar en el amor del Padre, algo cambia por dentro… y se refleja afuera.

1. **La libertad de no tener que complacer**
   Ya no buscas aprobación en cada mirada o palabra.
   Ya no te sientes presionada a demostrar tu valor con esfuerzo constante.
   Sabes que tu identidad está en ser hija, no en hacer.

2. **La libertad de decir "no" sin culpa**
   Poner límites deja de sentirse egoísta.

Dejas de cargar lo que no te corresponde, y aprendes que tu tiempo, energía y corazón también importan.

3. **La libertad de sentir sin miedo**
   Lágrimas, frustración, alegría… todo tiene espacio.
   Ya no hay que esconder heridas ni emociones por miedo a ser juzgada.

4. **La libertad de elegir paz sobre perfección**
   Entiendes que la vida no se trata de "hacer todo bien", sino de caminar confiando en Dios.
   La ansiedad y la autoexigencia pierden poder.

5. **La libertad de recibir amor**
   No solo de Dios, sino de quienes Él pone a tu alrededor.
   Aprendes a aceptar ayuda, consuelo y apoyo como regalos, no como carga.

Reflexión breve

Esta libertad no llega de la noche a la mañana.
 Se construye un paso a la vez, un día a la vez, una decisión de confiar más y de controlar menos.

Cada vez que eliges descansar en el Padre, dices sí a la vida que Él quiere para ti:
 una vida con **alegría, paz, seguridad y propósito**.

"En Cristo, estoy libre de cargar sola. Estoy libre de ser perfecta. Estoy libre para ser hija."

Mi debilidad es el medio de Su fuerza

Tal vez creciste creyendo que debías ser fuerte todo el tiempo.
Que tus errores eran vergüenza.
Que tus límites eran fracaso.
Que tu cansancio era pecado.

El apóstol Pablo también lo sintió.
Su debilidad lo humillaba, lo hacía sentir insuficiente.
Hasta que escuchó la voz de Cristo:

"Bástate mi gracia, porque mi poder se perfecciona en la debilidad."
— *2 Corintios 12:9*

De repente, todo cambió.
Su debilidad ya no era derrota.
Era el terreno donde **la fuerza de Dios podía manifestarse**.
Lo que antes lo avergonzaba, ahora lo hacía regocijarse.

Y lo maravilloso es que lo mismo es verdad para ti.

Tus lágrimas, tu cansancio, tus errores, tus límites…
no te hacen menos hija.
Te hacen **un espacio donde el Espíritu puede actuar**.

No tienes que ser perfecta.
No tienes que aparentar fortaleza.
No tienes que sostenerlo todo.

Cuando abrazas tu debilidad con fe, algo sobrenatural sucede:

- Descubres paz donde había ansiedad.

- Descubres libertad donde había culpa.

- Descubres fuerza donde antes había impotencia.

No es tu fuerza la que te salva.
 Es Su gracia, que se perfecciona cuando reconoces tu necesidad.

Hoy puedes decir:
 "No soy perfecta, y eso está bien. Mi debilidad no me aleja de Dios, me acerca a Él."

Mapa práctico de libertad: vivir la gracia en la debilidad

Aprender a descansar en la gracia del Padre no es automático.
 Se construye paso a paso, en la vida cotidiana. Aquí hay un mapa que te guía:

---

1. Reconoce tu debilidad sin juicio

- Detente un momento y observa: *"¿Dónde me siento débil hoy?"*

- No te critiques. No trates de ocultarlo.

- Solo reconoce: *"Esto es real. Lo llevo, pero no estoy sola."*

---

2. Invita a la gracia a tu situación

- Cada debilidad es un espacio donde Dios puede actuar.

- Dilo en voz alta o en tu corazón:
  "Padre, aquí está mi cansancio, mi error, mi límite. Bástate tu gracia."

---

3. Toma pausas conscientes

- Descansar no es abandono; es confianza.

- Cinco minutos de respiración, oración breve o silencio pueden renovar tu espíritu.

- Recuerda: no tienes que cargarlo todo. El Padre sostiene contigo.

---

4. Transforma errores en aprendizaje y oportunidad de gracia

- Cuando algo sale mal, no te condenes.

- Pregunta: *"¿Qué puedo aprender y entregar al Padre en esta situación?"*

- Deja que la gracia transforme el dolor en fortaleza espiritual.

---

5. Acepta ayuda y compañía

- Recibir apoyo no te hace débil; te conecta con la comunidad y con la gracia.

- Comparte tus cargas con alguien de confianza o con tu Padre en oración.

6. Repite tu mantra de libertad

- Cada mañana o cuando sientas presión:

    "Mi debilidad no me define; Su gracia me transforma."

- Esto ayuda a reprogramar la mente y el corazón hacia confianza y descanso.

7. Cierra el día en gratitud y descanso

- Antes de dormir, recuerda un momento del día donde sentiste Su gracia.

- Agradece, incluso por tus limitaciones, porque ahí fue donde Su poder se perfeccionó.

- Duerme confiando que Dios sostiene lo que tú no puedes.

Cierre de sección
Sello de gracia y libertad

Hija amada,

Hoy has caminado por un sendero delicado y verdadero:
 has escuchado al Padre decirte que eres suya,
 has respondido con tu oración y tu nombre,
 has aprendido que descansar no es debilidad,
 y que tu debilidad es el medio donde Su gracia se perfecciona.

Recuerda siempre:

> **"Mi debilidad no me define; Su gracia me transforma."**

No importa cuán agotada te sientas,
 no importa cuántas veces caigas,
 no importa lo que otros hayan dicho o hecho:
 el amor del Padre no se agota contigo.
 Su gracia es suficiente.

Respira profundo.
 Siente la libertad que nace cuando confías en Él.
 Permítete ser hija,
  apoyada, amada, sostenida…
  y dejada en Su abrazo.

Hoy es un nuevo comienzo:

un comienzo donde **la perfección deja de ser la meta**

y la gracia se convierte en tu camino, tu fuerza y tu descanso.

Sección Dos

Confianza activa: caminando desde el amor recibido

Cuando aprendes que eres amada por el Padre, tu vida empieza a reflejar esa verdad de manera tangible.
La confianza deja de ser solo palabra y se convierte en **acción diaria**.

- **Decides sin miedo:**
  Ya no paraliza el "qué pensarán" o "y si fallo". Tu identidad no depende de la aprobación humana, sino del amor seguro de Dios.

- **Hablas desde la verdad:**
  Puedes expresar tus necesidades, tus emociones y tus límites sin culpa. Hablar no es rebeldía; es confianza.

- **Actúas con seguridad:**
  En decisiones grandes o pequeñas, ya no estás cargando ansiedad ni tratando de controlar todo. Caminas apoyada en Su dirección y Su fuerza.

- **Sirves con libertad:**
  El servicio no es obligación ni búsqueda de reconocimiento. Surge del corazón descansado, disponible y seguro del amor del Padre.

- **Vives con integridad:**
  Lo que haces refleja quién eres por dentro, no lo que

temes que otros esperan de ti. La coherencia nace de la libertad, no del esfuerzo.

Reflexión breve

La confianza activa no significa perfección.
 No significa que todo saldrá como planeas.
 Significa que tus pasos, aunque inseguros o temblorosos, se apoyan en un amor que nunca falla.

Cada acto de confianza, grande o pequeño es una **prueba de que estás aprendiendo a descansar en Él**, y que Su gracia es suficiente para sostener cada decisión y cada paso que das.

Decisiones desde la identidad

Aquí vamos a mostrar cómo **la certeza de ser hija amada transforma cada elección y acción** en la vida diaria. No es teoría… es práctico y aplicable, como querías.

Decisiones desde la identidad: viviendo desde quién soy en Cristo

Cuando sabes que eres amada, tus decisiones cambian de raíz:
 ya no se toman desde miedo, obligación o necesidad de

aprobación.

Se toman desde **la libertad de ser quien eres** y desde **la seguridad de que Dios te sostiene**.

- **Elegir prioridades con paz:**
  Ya no intentas abarcarlo todo ni cargar con más de lo que puedes.
  Decides qué es esencial hoy, confiando en que lo demás puede esperar.

- **Decidir sin culpa ni comparación:**
  No necesitas demostrar nada a nadie.
  Tus decisiones reflejan tu identidad, no lo que otros esperan.

- **Actuar con coherencia:**
  Tus palabras, acciones y emociones empiezan a alinearse con tu corazón de hija.
  Ya no es una lucha por aparentar o agradar, sino por vivir desde la verdad.

- **Resolver conflictos desde la libertad:**
  Cuando surge un problema, no actúas desde miedo o resentimiento.
  Actúas desde la paz que nace de saber que eres

amada, valorada y sostenida.

- **Decidir con fe y confianza en Dios:**
  Cada elección se convierte en un acto de dependencia de Su guía, no de tu propio control.

Reflexión breve

Vivir decisiones desde la identidad no significa perfección. Significa que tus pasos, aunque temblorosos, **se apoyan en la verdad de tu amorosa relación con el Padre.**
Cada elección pequeña o grande se vuelve **un acto de libertad y gracia.**

Ejercicio Práctico:

Escribe una decisión reciente que tomaste desde miedo o obligación, y reescríbela ahora desde tu identidad como hija amada.

Relaciones sanadas: amar desde el abrazo del Padre

Cuando aprendes a descansar en el amor de Dios y a vivir desde tu identidad como hija, tus relaciones comienzan a cambiar:

- **Paciencia y compasión genuinas:**
  Ya no reaccionas desde miedo, enojo o inseguridad.
  Puedes escuchar a otros y responder con amor sin perder tu paz.

- **Límites saludables:**
  Entiendes que amar no significa permitir abuso o agotarte por complacer.
  Puedes decir "no" con respeto y amor, sabiendo que tu valor no depende de su aprobación.

- **Perdón liberador:**
  No cargas resentimientos como cadenas.
  Puedes perdonar desde la seguridad de que Dios cuida de tu corazón y de la justicia final.

- **Autenticidad en la comunicación:**
  Puedes expresar emociones y necesidades con honestidad, sin miedo a ser rechazada.

Tus palabras reflejan tu verdad, no lo que crees que otros quieren oír.

- **Influencia positiva sin presión:**
Tu amor y testimonio impactan a otros de manera natural.
No necesitas forzar ni manipular; tu presencia habla desde libertad y gracia.

Reflexión breve

Tus relaciones no cambiarán de la noche a la mañana.
Pero cada acto de amor recibido, cada paso de confianza en el Padre, **es una semilla que sana y transforma**.

Recuerda: cuando el amor del Padre fluye a través de ti, **las conexiones con los demás se vuelven más libres, más genuinas y más sanas**.

Ejercicio Práctico

Piensa en una relación que te ha dolido o que te ha generado tensión.
¿Cómo puedes acercarte a esa persona desde tu identidad como hija amada, confiando en la guía del Padre?
Escribe un paso concreto que puedas dar esta semana.

Reescribiendo la narrativa

Algunas mujeres no están atrapadas por el dolor... están atrapadas por la forma en que aprendieron a contarlo.

No fue su culpa. Fue su mecanismo de supervivencia.

Cuando el dolor fue profundo, la mente necesitó una explicación.
Cuando la pérdida fue grande, el corazón buscó sentido.
Y así nació una narrativa.

"Siempre soy la que pierde."
"Siempre soy la que queda sola."
"Dios guarda silencio conmigo."
"Mi historia está marcada por el abandono."

Y sin darnos cuenta, lo que comenzó como una explicación se convirtió en identidad.

Pero escucha esto con suavidad y firmeza:

El dolor es parte de tu historia.
No es el título de tu vida.

El Padre no niega lo que viviste.
Él lo ve.

Él estuvo allí.
Y Él no permitió que aquello te definiera.

La narrativa del dolor dice:
"Esto me destruyó."

La narrativa de hija dice:
"Esto dolió… pero no me destruyó porque el Padre me sostuvo."

José fue vendido por sus hermanos.
Traicionado.
Olvidado en prisión.
Podía haberse definido como el rechazado.
Pero años después declaró:

> "Vosotros pensasteis mal contra mí, mas Dios lo encaminó a bien…"
> (Génesis 50:20)

Eso no es negación.
Eso es redención.

Reescribir la narrativa no significa minimizar la herida.
Significa permitir que Dios tenga la última palabra.

Tal vez hoy el Padre te está invitando a cambiar una frase interna.

Donde decías:
"Esto arruinó mi vida."

Comienza a decir:
"Esto fue doloroso... pero Dios no dejó de escribir mi historia."

Donde decías:
"Soy la que siempre sufre."

Comienza a decir:
"Soy hija. Y aun en el sufrimiento, soy acompañada."

No todas las pruebas vienen de Dios.
Pero ninguna prueba está fuera del alcance de Su redención.

Tu historia no terminó en el capítulo del dolor.
Ese fue un capítulo.
No el libro completo.

Y el Autor aún está escribiendo.

Declaración: Cambio de narrativa

Hoy decido dejar de contar mi historia solo desde la herida.

Reconozco que hubo dolor.
Reconozco que hubo pérdida.
Reconozco que hubo momentos en los que no entendí nada.

Pero también reconozco algo mayor:
El Padre nunca me soltó.

No soy la que fue abandonada.
Soy la hija que fue sostenida.

No soy la que fue destruida.
Soy la que atravesó el fuego y salió acompañada.

No soy víctima del caos.
Soy hija bajo cobertura.

Lo que viví no define quién soy.
La voz del Padre define quién soy.

Mi historia no terminó en el dolor.
Mi historia sigue siendo escrita por manos fieles.

Hoy renuncio a la narrativa que me encadena.
Y abrazo la verdad que me libera.

Soy hija.
Soy amada.
Soy acompañada.

Y el Autor aún está escribiendo.

Isaías 43:1-2 Cuando pases por las aguas, yo estaré contigo

Salmo 34:19 Muchas son las aflicciones del justo, pero de todas le librará Jehová

Gozo que no depende de circunstancias

El mundo enseña que la alegría se obtiene cuando todo sale bien:

- Cuando alcanzas metas.
- Cuando recibes aprobación.
- Cuando los demás reconocen tu esfuerzo.

Pero el gozo que viene del Padre es diferente. Es un **río que fluye desde Su trono**, que no se detiene por errores, pérdidas o críticas. No está condicionado a resultados ni a expectativas humanas.

- **Gozo en medio de pruebas:**
  Incluso cuando la vida parece desordenada, puedes descansar en Su presencia y experimentar alegría porque sabes que Él sostiene tu historia.

- **Gozo sin depender de otros:**
  Ya no necesitas que alguien te valore para sentirte completa.
  Tu identidad no está en manos humanas, sino en el corazón de Dios que dice: *"Eres amada, suficiente y acompañada."*

- **Gozo que alimenta tu alma:**
  Este gozo no se agota en un logro ni se desvanece con la crítica.
  Es profundo, estable, eterno, y crece cuando lo compartes, sirves y confías.

El gozo que emana del Padre te permite **caminar firme, vivir con esperanza y mirar la vida desde Su perspectiva**, aun cuando todo alrededor parezca incierto.

Nehemías 8:10 (El gozo del Señor es vuestra fuerza)

Filipenses 4:4 (Regocijaos en el Señor siempre)

Reflexión breve

Haz un momento de pausa.
Respira profundo.
Pregunta a tu corazón:

> *¿Estoy permitiendo que mi alegría dependa de lo que cambia o de Quien es inmutable?*

Y entonces repite: *"Mi gozo fluye de la Fuente que no falla. Soy amada, sostenida y acompañada."*

Cierre de la Sección Dos

Mujer en libertad

Hija amada,

Hoy podemos mirar lo que estás construyendo en tu corazón:

- Has aprendido a **descansar en el abrazo del Padre**, sabiendo que tu debilidad es terreno de Su fuerza.

- Has empezado a **tomar decisiones desde tu identidad**, no desde la culpa, la comparación o la exigencia humana.

- Has comenzado a **sanar tus relaciones**, aprendiendo a poner límites, a perdonar y a amar desde libertad.

- Has **reescrito la narrativa del dolor**, recordando que el pasado no te define, sino que Dios sigue escribiendo tu historia.

- Has descubierto **el gozo que emana de la Fuente inmutable**, un gozo que no depende de circunstancias ni de la aprobación de nadie.

Todo esto va tejiendo un cuadro poderoso: *una mujer que vive en libertad, que no se deja atemorizar, que descansa en su Padre y camina con confianza en la historia que Él escribe.*

Salmo 139:16 En tu libro estaban escritas todas aquellas cosas…

Proverbios 3:5-6 Confía en el Señor… y Él enderezará tus veredas

---

Declaración final de la sección

*"Soy hija.
Soy amada.
Soy acompañada.*

Mi historia está en las manos del Padre, y Su gracia me sostiene en cada paso.

Mi gozo no depende de circunstancias; mi identidad no depende de aprobación humana.

Romanos 15:13 *El Dios de esperanza os llene de todo gozo y paz en el creer*

Hoy abrazo la libertad que Él me da y camino confiada."

Mi palabra de libertad

Hija amada,

Hoy has recorrido un sendero de gracia y sanidad. Has aprendido a descansar, a decidir desde tu identidad, a sanar tus relaciones, a reescribir tu historia y a recibir un gozo que no depende de circunstancias.

Ahora es tu turno de **hacerlo personal**.

Toma un momento. Respira profundo.
Permite que el Espíritu hable a tu corazón.
Escribe **una palabra, frase o oración** que represente **la libertad, el gozo y la identidad de hija** que estás abrazando hoy:

_____

Mi palabra / frase / oración de libertad y gozo:

_____
_____
_____
_____
_____

Recuerda:

Cada palabra que escribes es **una semilla de transformación**, un recordatorio de que tu historia ya no está definida por heridas ni miedos, sino por el amor y la gracia del Padre.

Cuando necesites volver a este espacio, lee lo que escribiste. Siente nuevamente que **eres sostenida, amada y acompañada**. Y deja que tu corazón se llene de gozo, libertad y paz.

Seccion Tres

Propósito y llamado desde la identidad

Hija amada,

Quizá pensaste que algunas partes de ti estaban rotas más allá de reparación.
 Que ciertas experiencias te habían dejado marcada, inútil, sin valor.

Pero el Alfarero nunca dejó de mirarte.
 Nunca apartó Sus manos de tu vida.
 Incluso cuando sentiste presión, dolor o incertidumbre, Él estaba girando la rueda, dándote forma, **moldeándote para lo que solo Él puede crear**.

Tu identidad no depende de lo que crees que falló.
 Depende de quién te sostiene: el Padre que te conoce y te ama plenamente.

Cada experiencia, cada desafío, cada lágrima…
 son parte de la rueda que da forma a la vasija que Él está creando: **una mujer llena de propósito, fuerte en Su amor, y lista para reflejar Su gracia en el mundo.**

Reconociendo la obra del Alfarero en mi vida

Hija amada,

Toma un momento y mira tu propia historia.

1. **Identifica áreas que sentiste rotas o inútiles:**
   - Escribe aquello que creíste que no se podía arreglar.

   _____

   _____

2. **Reconoce la mano del Alfarero:**

   - Escribe cómo crees que Dios ha usado esas experiencias para moldearte, enseñarte o fortalecerte.

   _____

   _____

3. **Declaración de propósito:**

   - Termina con una frase que declare quién eres hoy como vasija en Sus manos. Por ejemplo:

   "Soy hija moldeada por el Padre. Cada experiencia me da forma y me prepara para cumplir Su propósito."

Servicio desde libertad y gozo

Hija amada,

Ahora que has comenzado a reconocer la obra del Alfarero en tu vida, tu identidad como hija amada empieza a **manifestarse en acción**.

El servicio ya no es obligación ni carga. Ya no es una forma de demostrar valor o ganar aprobación. Surge naturalmente desde un corazón descansado y lleno de gozo.

- **Sirve sin ataduras:**
  Cada gesto de ayuda, cada palabra de aliento, cada acto de amor nace de libertad. No hay presión. No hay culpa. Solo un corazón dispuesto.

- **Encuentra gozo en dar:**
  El dar deja de ser sacrificio pesado y se convierte en extensión de la alegría que Dios ha puesto en tu alma. Servir desde este lugar **nutre tu espíritu y fortalece a otros**.

- **Impacta desde la gracia:**
  Cuando das desde libertad y gozo, no buscas resultados ni reconocimiento.
  Tu influencia se vuelve suave pero poderosa, porque

se refleja la verdad de quien eres: **hija amada, sostenida y moldeada por el Padre**.

Reflexión práctica

Piensa en un área de tu vida donde puedas servir esta semana:

- ¿Cómo puedes ayudar, alentar o amar a alguien sin buscar aprobación ni cargar culpa?

- Escribe tu intención y el paso concreto que darás:

_____

_____

Recuerda: Cuando sirves desde libertad y gozo, cada acción se convierte en un eco del amor del Padre, tocando vidas y fortaleciendo tu corazón.

Influencia que edifica: ser antes que hacer

Hija amada,

El mundo te ha enseñado a medir tu valor por lo que haces:

- Por cuántas personas ayudas.
- Por cuántas responsabilidades cargas.
- Por cuán visible es tu servicio.

Pero Dios dice algo distinto:

"No eres lo que haces. Eres quien soy yo: hija, amada y sostenida."

Cuando tu identidad depende del hacer:

- Sirves hasta el límite, olvidándote de ti misma.
- Temes decir "no", aunque tu alma esté exhausta.
- Buscas aprobación humana para sentirte válida.
- El servicio deja de ser gozo y se vuelve obligación disfrazada de amor.

Pero cuando eres **hija primero**, todo cambia:

- Sirves desde libertad, no desde necesidad.
- Puedes decir "no" cuando tu alma lo requiere, sin culpa.
- Tu influencia no depende de esfuerzo o reconocimiento; fluye desde tu ser.
- Tu servicio se vuelve sostenible, gozoso y transformador, porque nace de un corazón descansado en Cristo.

El servicio verdadero **nace de la plenitud interior**, no de la carencia de identidad.

Cuando somos **seres antes que hacedores**, nuestras acciones se convierten en un reflejo de la gracia que fluye desde dentro, no en un intento de llenar vacíos.

Ejercicio práctico: Del "hacer" al "ser"

1. Piensa en algo que haces regularmente por los demás.
2. Pregúntate:
   - ¿Estoy haciendo esto porque soy hija amada o para sentirme valiosa?

3. Escribe cómo puedes **transformar esa acción en un acto de libertad**, donde tu identidad en Cristo sea la fuente y no la consecuencia:

　　―――――――――――――――――――――

Declaración: *"No soy lo que hago. Soy quien Dios dice que soy. Mi servicio nace de mi identidad, no de mi necesidad de ser aprobada."*

Profundizando: Ser antes que hacer

Hija amada,

Mira esto con atención: cuando confundimos **identidad con acción**, nuestra vida se llena de cargas invisibles:

- La presión de cumplir nos roba descanso.
- El miedo a decir "no" nos esclaviza.
- La culpa se convierte en compañera constante.
- Y el servicio, que debería fluir como un río de gozo, se convierte en agotamiento disfrazado de sacrificio.

Pero el Padre dice: **"Primero eres mía. Después, todo lo demás brota de mi amor dentro de ti."**

Esto tiene implicaciones profundas:

1. **Tu descanso es parte de tu servicio**
   - No descansar no es sacrificio admirable.
   - Descansar es permitir que la fuente de tu servicio se mantenga viva.
   - Solo una hija descansada puede amar y servir sin agotarse ni lastimarse.

2. **Aprender a decir "no" es un acto de obediencia y sabiduría**

    o   No es egoísmo.

    o   No es rechazo a otros.

    o   Es reconocer que tu vida no se define por lo que haces, sino por quién eres: **una hija amada que refleja el corazón de Dios.**

3. **El servicio nace de plenitud interior**

    o   La verdadera influencia no viene de cumplir más tareas, sino de un corazón lleno de Su amor.

    o   Cuando sirves desde libertad, los frutos son eternos: tocas vidas, edificas, sanas y das ejemplo de que **una mujer que es primero hija puede ser luego sierva sin perderse.**

4. **La mirada hacia los demás cambia**

    o   Ya no actúas con miedo a la crítica.

    o   No sirves para ser vista.

    o   Sirves porque tu corazón ha aprendido a fluir desde el amor que siempre recibes, y no desde carencias o inseguridades.

Reflexión práctica

Escribe en tu corazón y en tu cuaderno:

- Una acción de servicio que realizas y que sientes que te agota o te ata.

- Ahora escribe cómo podrías **reescribir esa acción desde tu identidad**, donde tu libertad y gozo sean la fuente:

Declaración: *"Primero soy hija. Luego sirvo. Mi influencia fluye desde la plenitud de mi corazón en Cristo, y no desde la obligación o la culpa."*

Cierre Sesion Tres

Vivir con esperanza activa

Hija amada,

Ahora que has aprendido a descansar, a confiar, a vivir desde tu identidad y a servir desde libertad y gozo... hay un paso más: **caminar con esperanza activa.**

La esperanza activa no depende de que todo esté resuelto o de que los tiempos sean perfectos. No es un sentimiento pasajero ni un optimismo superficial.
Es la certeza de que **Dios sigue escribiendo tu historia**, y de que cada paso que das, cada decisión que tomas, está sostenida por Su mano.

- **Esperanza en lo cotidiano:**
  Cada día es una oportunidad para vivir desde la libertad que ya has recibido, sin permitir que el miedo o la expectativa de los demás te controle.
- **Esperanza en las dificultades:**
  Las pruebas ya no definen tu camino ni tu valor. Aunque las circunstancias cambien, tu identidad permanece firme en Cristo.
- **Esperanza que impacta a otros:**
  Cuando caminas con esperanza activa, tu vida inspira.

Otros ven a una mujer que descansa, que sirve desde gozo, que ama desde plenitud, y eso se convierte en **luz que edifica y atrae**.

- **Esperanza que transforma tu interior:**
Cada día, cada elección, cada acción se convierte en un acto de fe:
confiando que lo que el Padre comenzó en ti, **Él lo perfeccionará hasta el final**.

Ejercicio práctico: Mi esperanza activa

1. Escribe un área de tu vida donde sientas incertidumbre o temor.

---

2. Ahora escribe cómo puedes vivir con esperanza activa en esa área, confiando en la mano del Padre:

---

3. Termina con una **declaración de fe y libertad:**
"Mi esperanza no depende de lo que veo ni de lo que otros hacen.
Mi esperanza descansa en el Padre que guía mi historia y me sostiene en cada paso."

Vivir con esperanza activa: profundizando la práctica

Hija amada,

La esperanza activa es más que esperar que las cosas mejoren. Es **vivir confiada en la mano del Padre** mientras caminas, aun cuando no ves el panorama completo. Es **participar conscientemente** en la obra de Dios en tu vida, sin cargar con la ansiedad de controlar todo.

Cómo se ve en la vida diaria:

1. **Tomando decisiones desde fe y libertad**

   - Antes de actuar, respira y recuerda: *"No soy lo que hago. Soy quien Él dice que soy."*

   - Esto permite elegir acciones que reflejen Su amor, no la necesidad de agradar o impresionar.

2. **Manteniendo el corazón alegre aun en pruebas**

   - La alegría no depende de circunstancias externas, sino de reconocer que Él **sostiene tu historia**.

   - Puedes sonreír en medio de desafíos porque tu alma está anclada en Su verdad.

3. **Influyendo sin agotarte**
   - Tu vida comienza a tocar a otros naturalmente: palabras, gestos, servicio.
   - No necesitas forzar nada. La influencia fluye desde tu paz y libertad interior.

4. **Reescribiendo pensamientos negativos en esperanza**
   - Cada vez que surge el miedo, la duda o la culpa, detente y reemplaza esos pensamientos con verdades del Padre:
     - *"Soy hija."*
     - *"Soy amada."*
     - *"Mis pasos están sostenidos."*

5. **Declarando tu confianza diariamente**
   - Una frase corta cada mañana puede cambiar la manera en que tu corazón vive el día:

     "Hoy camino en libertad, guiada por el Padre, con esperanza activa en cada paso."

Ejercicio práctico: Activando mi esperanza

1. Escribe una situación actual que te cause temor o incertidumbre.

   _____

2. Escribe cómo puedes **responder con esperanza activa** en esa situación, confiando que Dios guía tu historia.

   _____

3. Escribe una frase que puedas **repetir diariamente** para recordarte que tu identidad y tu gozo dependen de Él, no de resultados o aprobación.

Sellando mi esperanza activa

Padre amado,

Hoy vengo a Ti con un corazón dispuesto y confiado. Gracias porque no dependo de circunstancias, ni de aprobación humana, ni de resultados visibles. Gracias porque mi identidad descansa en Ti, y mi valor está en ser Tu hija amada.

Señor, te entrego cada temor, cada duda y cada incertidumbre. Te pido que en medio de cada desafío, Tu Espíritu guíe mis pasos y mantenga mi corazón lleno de gozo y libertad.

Ayúdame a caminar con esperanza activa:

- a tomar decisiones desde la fe y no desde la presión,
- a servir desde plenitud y no desde obligación,
- a influir desde la paz y no desde la necesidad de agradar,
- a vivir cada día sabiendo que mi historia está en Tus manos

Que cada pensamiento, cada palabra y cada acción refleje la verdad de que **soy hija, soy amada y estoy acompañada**. Que mi vida sea un testimonio silencioso de Tu gracia, y que mi esperanza activa inspire y transforme a quienes me rodean.

Padre, hoy declaro que **mi gozo, mi libertad y mi esperanza descansan en Ti**.
Gracias por caminar conmigo y por nunca soltar mi mano.

En el nombre de Jesús,
Amén. 🙏

Sección Cuatro

Fruto que refleja el corazón de hija

Hija amada,

Hasta aquí, has aprendido a descansar, a confiar, a vivir desde tu identidad, a servir desde gozo y libertad, y a caminar con esperanza activa. Ahora es tiempo de **ver cómo eso se refleja hacia afuera**: en tu vida diaria, tus relaciones, tu hogar, tu comunidad y el mundo que te rodea.

El fruto no nace de esfuerzo humano, sino de **vida transformada desde adentro**. Cuando un corazón descansa en el Padre:

- La paciencia surge sin forzarla.
- El amor se da libremente, no condicionado.
- La influencia edifica sin pretensión.
- Las decisiones se alinean con propósito divino.

No toda transformación es inmediata.
No todo cambio es ruidoso.

El fruto verdadero no aparece por esfuerzo…
aparece por permanencia.

Jesús lo dijo con claridad:

"Permaneced en mí, y yo en vosotros. Como el pámpano no puede llevar fruto por sí mismo, si no permanece en la vid, así tampoco vosotros, si no permanecéis en mí."
(Juan 15:4, RVR1960)

"Yo soy la vid; ustedes son las ramas. El que permanece en mí y yo en él, éste lleva mucho fruto, porque separados de mí nada pueden hacer."
(Juan 15:5, CSB)

El fruto no es producción.
Es consecuencia.

Y una mujer que ha abrazado su identidad como hija comienza a reflejar algo diferente.
No porque se esfuerce en parecer espiritual…
sino porque algo en su raíz fue sanado.

El fruto se ve en el carácter

Ya no responde desde la herida.
Responde desde la seguridad.

Ya no ama para ser aceptada.
Ama porque fue aceptada.

Ya no sirve para probar su valor.
Sirve desde plenitud.

Eso es obra del Espíritu.

> "Mas el fruto del Espíritu es amor, gozo, paz, paciencia, benignidad, bondad, fe, mansedumbre, templanza…"
> (Gálatas 5:22-23, RVR1960)

No dice "el fruto del esfuerzo".
Dice el fruto del Espíritu.

Una mujer libre comienza a amar diferente.
Su gozo no depende de resultados.
Su paz no desaparece en medio de presión.
Su mansedumbre no es debilidad, es dominio propio.

El fruto se ve en su firmeza

Antes era movida por la aprobación.
Ahora está plantada.

Antes reaccionaba según el ambiente.
Ahora permanece estable aunque cambie el clima.

> "Será como árbol plantado junto a corrientes de aguas, que da su fruto en su tiempo, y su hoja no cae."
> (Salmo 1:3, RVR1960)

> "Bendito el hombre que confía en el Señor...
> Será como árbol plantado junto al agua... y no dejará de dar fruto."
> *(Jeremías 17:7-8, CSB)*

Observa algo poderoso:
El árbol no se esfuerza por dar fruto.
Solo permanece plantado.

La estabilidad es evidencia de confianza.

El fruto se ve en su impacto

Una mujer que sana, sana generaciones.

Su libertad se convierte en herencia.
Su paz se convierte en atmósfera.
Su identidad restaurada cambia la narrativa de su casa.

> **"Generación a generación celebrará tus obras."**
> *(Salmo 145:4)*

> **"Sus hijos se levantan y la llaman bienaventurada."**
> *(Proverbios 31:28)*

Ella no busca reconocimiento.
Pero su vida habla.

Y aun cuando no tenga hijos biológicos,
su influencia espiritual deja huellas.

El fruto se ve en su descanso continuo

Una mujer libre no vuelve al ciclo de perfeccionismo.
No regresa a la esclavitud del desempeño.

Porque sabe algo profundo:

> **"Estad, pues, firmes en la libertad con que Cristo nos hizo libres."**
> *(Gálatas 5:1)*

Y entiende que la obra no depende de ella.

> **"El que comenzó en vosotros la buena obra la perfeccionará hasta el día de Jesucristo."**
> *(Filipenses 1:6)*

El fruto no es su carga.
Es evidencia de que Dios sigue obrando.

Retrato final

¿Cómo luce una mujer cuyo corazón sabe que es hija?

- Descansa sin culpa.

- Sirve sin ansiedad.

- Ama sin miedo.

- Decide sin esclavitud.

- Permanece sin desesperación.

No es perfecta.
Pero está plantada.

No es invulnerable.
Pero está sostenida.

No vive para demostrar.
Vive para reflejar.

Y su fruto…
no grita.
Testifica.

Oración final de la sección

Padre,
gracias porque el fruto no depende de mi perfección,
sino de mi permanencia en Ti.

Plántame profundamente en Tu verdad.
Arranca toda raíz de miedo y desempeño.
Haz que mi vida refleje Tu carácter.

Que el amor sea natural.
Que la paz sea estable.
Que el gozo sea constante.

Y que todo fruto en mí
sea evidencia de que sigo siendo Tu hija.

Amén.

Cuando el Padre termina lo que comenzó

Hija amada,

Si has llegado hasta aquí, no es casualidad.
No fue un libro el que te trajo…
Fue el Espíritu.

Comenzaste tal vez cansada.
Tal vez herida.
Tal vez funcionando, pero vacía.

Y el Padre no comenzó corrigiendo tu conducta.
Comenzó recordándote quién eres.

Te llevó de la mano:

De la carga… al descanso.
Del perfeccionismo… a la gracia.
De la victimización… a la filiación.
Del servicio ansioso… al servicio desde la plenitud.
Del miedo… a decisiones libres.
De la raíz herida… al fruto visible.

Nada fue apresurado.
Porque Dios no sana con prisa.

La Escritura lo confirma:

> "El que comenzó en vosotros la buena obra, la perfeccionará hasta el día de Jesucristo."
> *(Filipenses 1:6, RVR1960)*

No fue tu fuerza.
Fue Su fidelidad.

No vuelvas a lo que ya soltaste

Habrá días en que la vieja narrativa querrá susurrarte.
Habrá momentos en que el perfeccionismo tocará la puerta.
Habrá temporadas donde el cansancio querrá convencerte de que vuelvas a cargar lo que no es tuyo.

Recuerda:

> **"Así que, si el Hijo os libertare, seréis verdaderamente libres."**
> *(Juan 8:36, RVR1960)*

La libertad no fue un momento emocional.
Fue una verdad espiritual.

No regreses a esclavitud cuando ya conoces la casa del Padre.

El Padre escribe tu historia

No estás improvisando tu vida.
No estás sobreviviendo al azar.

> **"Mi embrión vieron tus ojos, y en tu libro estaban escritas todas aquellas cosas que fueron luego formadas."**
> *(Salmo 139:16, RVR1960)*

Tu historia no es accidente.
Tus procesos no fueron desperdicio.
Tus lágrimas no fueron invisibles.

El Padre no solo te sostuvo.
Te estaba formando.

Una mujer libre cambia atmósferas

Ahora sabes algo que antes no sabías:
 no necesitas demostrar.
 no necesitas competir.
 no necesitas sobrevivir emocionalmente.

Porque sabes quién eres.

Y cuando una mujer sabe quién es en el Padre,

su casa cambia.

su liderazgo cambia.

su manera de amar cambia.

"Vosotros sois la luz del mundo."
(Mateo 5:14)

No porque lo intentas… sino porque ahora brillas sin esfuerzo.

Declaración final

Hoy elijo permanecer.

Hoy elijo vivir como hija.

Hoy elijo servir desde plenitud.

Hoy elijo dar fruto desde la intimidad.

Hoy elijo no volver atrás.

Oración de cierre

Padre,

Gracias por no rendirte conmigo.
Gracias por restaurar mi identidad.
Gracias por enseñarme a descansar.
Gracias por sanar mi narrativa.
Gracias por recordarme que soy Tu hija.

Guárdame firme.
Plántame profundo.
Haz que mi vida refleje Tu carácter.

Y cuando olvide quién soy, susúrrame otra vez: "Hija, eres mía."

En el nombre de Jesús,
Amén.

Mensaje Final

Una obra que no es nuestra

Querida mujer,

Si estas páginas han tocado algo profundo en ti, quiero que sepas algo con claridad: esto no nació del talento humano. Nació del corazón del Padre.

Hay libros que informan. Hay libros que inspiran. Y hay libros que acompañan procesos. Pero cuando el Espíritu Santo sopla sobre una obra, no solo se lee... se vive.

Y mi oración pastoral por ti es esta:

Que no cierres este libro como quien termina una lectura, sino como quien inicia una nueva manera de caminar.

Que el descanso no sea una idea bonita, sino una práctica diaria.

Que la identidad no sea una frase repetida, sino una convicción inquebrantable.

Que el servicio no vuelva a nacer de la carencia, sino de la plenitud.

Que el fruto no sea presión, sino consecuencia de permanecer en Cristo.

La Palabra dice: **"La gloria postrera de esta casa será mayor que la primera."**
(Hageo 2:9, RVR1960)

Y creo con todo mi corazón que la gloria postrera de tu vida será mayor. No porque no habrá pruebas. Sino porque ahora sabes quién eres en medio de ellas.

No caminas sola.
No sirves vacía.
No decides desde miedo.

Eres hija.

Y cuando una hija camina consciente de su identidad, el cielo respalda sus pasos.

Mi expectativa no está en el alcance del libro. Está en el alcance de la transformación.

Porque una mujer sana… sana generaciones.

Y si el Padre permitió que este mensaje llegara a tus manos, es porque Él está haciendo algo más grande de lo que ahora puedes ver.

Permanece.

Descansa.

Confía.

Da fruto.

Y nunca olvides: El Padre no se cansa de sostenerte.

Con amor pastoral,

Mariela

Made in the USA
Coppell, TX
22 February 2026

72113990R00049